AF397603

FSC
www.fsc.org
MIXTO
Papel procedente de
fuentes responsables
Paper from
responsible sources
FSC® C105338

Cómo Tener una Cita Con la Chica Que Siempre Has Soñado

Ten una cita con la chica que siempre has deseado tener, pero a la que no te has atrevido a preguntar

Joy Marcus

© Joy Marcus, 2020 – 2nd Edition

Impreso y editado por Books on Demand GmbH
info@bod.com.es - www.bod.com.es
Impreso en Alemania – Printed in Germany

ISBN: 978-8-4132-6806-4

Información General

Este documento y todo su contenido está protegido por la ley de derechos de autor. Todos los derechos reservados. La reimpresión o reproducción (o parte del mismo) en cualquier forma (impresión, fotocopias u otros métodos), así como el almacenamiento, proceso, duplicación y distribución por medios electrónicos en cualquier tipo de sistema, del documento completo o parte del mismo, sin autorización por escrito del autor está prohibida. Todos los derechos de la traducción están reservados.

El uso de este libro y la implementación de la información aquí presentada se hace bajo la responsabilidad del lector. El autor y quien lo publica están exentos de cualquier tipo de responsabilidad en caso de que se presenten accidentes o daños de cualquier tipo que se presenten por consejos incluidos en este libro.

El trabajo, incluyendo todo este contenido ha sido preparado con el mayor cuidado. Sin embargo, los errores en la impresión o en la información no se pueden descartar por completo. El autor y quien publica esta obra no asumen responsabilidad por la manera en que la información sea impresa, o qué tan adecuada sea. No puede haber reclamos legales de ningún tipo por información incorrecta o por las consecuencias que resulten de esta información. Los operadores de los sitios web son exclusivamente responsables por el contenido de los libros que publican.

Inhaltsverzeichnis

DEJACIÓN

Me aseguré de que cada información presentada en este libro es exacta. Entretanto, el lector debe tener en cuenta que la información presentada no constituye un asesoramiento legal, médico o profesional de cualquier tipo.

No responsabilidad: este libro no tiene garantías. Se renuncia por este medio, a toda garantía expresa o sugerida. El uso de este libro significa la aceptación de la política de "No Responsabilidad". Si en cualquier manera no estás de acuerdo con esta política, no estas autorizado a utilizar o distribuir este libro.

Mediante este aviso, no nos hacemos responsables de los daños o pérdidas de cualquier tipo (incluyendo, sin pérdida consiguiente, limitación o daños) que se deriven directa o indirectamente del uso de este libro.

¿Qué quieren las mujeres? Esta pregunta ha sido un misterio para los hombres desde tiempos inmemoriales y no estamos más cerca de entender a las mujeres que lo que estamos cuando jugamos al fútbol y al hockey.

¿Por qué las mujeres son tan difíciles de entender? Son difíciles de entender porque tratamos de entenderlas con el ojo de un hombre, sin saber que las mujeres piensan y ven de manera diferente. A menos que comprendamos su forma de pensar, nunca seremos capaces de entenderlas en un nivel lógico.

Por ejemplo, ¿qué hacemos cuando nos reunimos para divertirnos un poco? Nosotros, evidentemente, no compartimos sentimientos. Más bien, bebemos, hablamos de deportes y hacemos otras cosas. Es natural para los chicos.

Por otra parte, cuando las mujeres se reúnen comparten sus sentimientos, hablan de la última moda, el peinado o dieta. Así que, como ves, los hombres se nutren de la competencia, la adrenalina, el poder, la dominación, la lógica y la estructura en nuestras vidas, mientras que las mujeres no se preocupan por esto. Se nutren de la emoción.

Si realmente quieres ser capaz de salir con cualquier chica, no importa cuán fea o atractiva esta sea, tienes que saber lo que la estimula, las cosas que la satisfacen y la motivan. Ten en cuenta, que muchas mujeres no son conscientes de lo que las impulsa o cuáles son sus motivos; es sólo la forma en que la naturaleza las ha hecho.

Sin embargo, al igual que como necesitas saber lo que le interesa, no debes preocuparte porque tenga sentido, ya que no puede tener sentido para nosotros, los chicos, porque vemos las cosas de manera diferente, no lo olvides. Por lo tanto, si conoces cuáles son sus botones, podrás reproducir la dulce música que ella no será capaz de resistir.

Te gusta el poder, ¿no es así? El conocimiento es poder, y se trata de aprendizaje, entonces, aprende lo que estimula a las mujeres y, entonces tendrás el poder de salir con la mujer de tu elección.

LO QUE ELLAS DICEN QUE QUIEREN

Hay que tener en cuenta que hay una gran diferencia entre lo que las mujeres dicen que quieren y lo que en realidad quieren. Por ejemplo, la mayoría de las mujeres dicen que quieren un tipo responsable y bueno que las trate bien. Ese es un buen deseo, pero entonces, ¿por qué tantas mujeres se sienten atraídas por los tipos malos? ¿Por qué vemos tantas mujeres hermosas saliendo con tipos con el aspecto de "tipo malo"?

La razón no es descabellada, y se debe a que, lo que las mujeres dicen que quieren y lo que realmente quieren, son dos cosas muy diferentes. Lo que dicen que quieren tiene mucho que ver con la forma en que la sociedad les ha condicionado a pensar, mientras que la naturaleza determina el tipo de chicos que realmente les atraen. Normalmente, la naturaleza le gana a la sociedad.

"¿En realidad estas diciendo que debería ser un tipo malo?" Puedes estarte preguntando. La respuesta es 'Sí y No'. ¿Confuso, cierto? Lo sé, pero esto es a lo que me refiero. Las mujeres se sienten atraídas por los hombres que son fuertes, valientes, seguros, y no por los "chicos buenos" que hacen de todo, como lamer traseros y el suelo que ellas pisan.

Quiero darte una tarea; échale un vistazo a esas novelas románticas que a las mujeres les gustan tanto y trata de encontrar una en la que el tipo es "bueno." Te deseo largo viaje, ya que buscarás por siempre, porque la mayoría de los hombres en estas novelas románticas son difíciles, valientes y poderosos.

¿Y sabes qué? Las mujeres aman esos libros por una razón, y es porque desean tener este tipo de hombres como se describe en la novela.

Es aciago que la sociedad ha formado a los hombres de las últimas décadas como hombres que están supuestos a ser más sensibles que las mujeres. El problema es que mientras las mujeres le gustan este tipo de hombres, sólo están realmente interesadas en ellos como amigos.

La buena noticia es que en realidad es bueno ser un hombre valiente, fuerte, seguro, ya que a las mujeres les gusta ver esas características en un hombre.

ATRACCIÓN

La atracción es otro elemento que determina si vas o no vas a conseguir una cita. No te dejes intimidar por esto; la buena noticia es que las mujeres se sienten más atraídas a la personalidad que a las apariencias. Las apariencias juegan un papel en la atracción, pero si tienes los rasgos de personalidad adecuados, las mujeres aún se seguirán sintiendo atraídas por ti.

Por lo tanto, si tu excusa hasta ahora ha sido que no eres rico o famoso, entonces tienes que darte cuenta de que es sólo una excusa. Aun cuando las mujeres pueden ser atraídas por los ricos y famosos, la personalidad todavía gana. No importa la cantidad de dinero que tienes en tu cuenta bancaria si tienes la confianza y el humor que les gusta a las mujeres, ganarás todo el tiempo.

Tener la capacidad de atraer a las mujeres no es un rasgo heredado; es algo que puedes aprender. Por lo tanto, puedes ser más atractivo para las mujeres cultivando el tipo de personalidad por las que estas se sienten atraídas.

Si piensas que no tienes que cambiar para que una mujer se sienta atraída por ti, y prefieres que ella te quiera por quien eres, creo que debes despertar de tu sueño y enfrentarte a la realidad, porque todo el mundo tiene que cambiar, y el cambio, es lo único que es constante en la vida. Tampoco permitimos que la vida nos moldee, nos cambie, y nos de lo que no queremos recibir, o canalizamos el cambio para conseguir lo que queremos lograr.

Sin embargo, una atracción no es una elección. No es como si la mujer ve a un tipo, lo estudia, anota sus cualidades, y luego elige si desea o no sentirse atraída por él. No funciona de esta manera; si así fuera, entonces es poco probable que quisieras leer este libro.

La atracción es totalmente biológica. Lo que esto significa es que si ella no se siente atraída por ti después de la primera cita, es poco lo que puedes hacer al respecto porque probablemente no serás nada más que un amigo para ella. Será mejor que sigas con tu vida porque no importa cuántos regalos le compres o a cuantos restaurantes la llevas, ella no va a desarrollar repentinamente una atracción por ti.

VUÉLVETE MÁS ATRACTIVO PARA LAS MUJERES

El error que la mayoría de los hombres cometen cuando están cerca de las mujeres atractivas, es que tratan de ganar su aprobación siendo demasiado agradables, cuidadosos, etc.; esto pone a la mujer en posición de ventaja, y si ella es la que lleva la ventaja, nunca sentirá esa chispa de atracción por ti. Recuerda lo que dije antes, las mujeres se sienten atraídas por los hombres fuertes y seguros, así que se un hombre fuerte y no al revés.

La mejor forma de provocar el fuego de la atracción es hacer que ella trabaje por tu atención, y no que busques su aprobación siendo demasiado agradable y cuidadoso. Este truco desequilibra su calma y le hace sentir curiosidad por ti, porque estás haciendo algo inesperado y fuera de lo común, entonces, ella estará interesada en conocerte mejor.

La confianza es muy atractiva para las mujeres y los hombres, por lo tanto, mientras más parezca que no necesitas su aprobación y atención, más seguro te verás ante ella. Mientras más seguro puedes actuar en cada situación, más atractivo serás.

Entretanto, ten cuidado de no cruzar la línea, porque hay una fina línea entre la confianza y la arrogancia. La arrogancia puede ser buena hasta cierto punto, pero demasiada arrogancia te hará lucir repulsivo.

LA EXCUSA

Muchos hombres siempre dan razones por las que fracasaron con las mujeres, pero la mayoría de las veces esa excusa no está más que en sus cabezas. La razón por la que muchos fracasan en conseguir a la mujer que quieren es debido a la forma en que piensan, lo que repercute en su comportamiento.

Tomemos, por ejemplo, cuando ves a una mujer atractiva y piensas que nunca vas a tener la oportunidad de hablar con ella, entonces, tus acciones estarán en línea con tus pensamientos. Probablemente no te atreverás a acercarte a ella, y si lo haces, emitirás una vibración "asustada".

Por otro lado, cuanta más confianza tengas en tus habilidades para ganar y atraer a una mujer, más fuerte parecerás y más atractivo serás. En muchas ocasiones, las deficiencias que imaginamos que tenemos nos han impedido actuar, y a veces no nos damos cuenta que las tenemos en nuestra psique.

Para superar este problema, tienes que hacer un poco de autoanálisis. Tienes que identificar las excusas que te han estado reteniendo, de manera que puedas tratarlas. A continuación, el siguiente paso es educarte acerca de las mujeres para saber que detona esa sensación de atracción en ellas.

Tan pronto llegues a entender lo que desean las mujeres, serás capaz de proyectar un aura de fuerza que ellas encontrarán irresistible. Puede que te interese saber que cada mujer tiene una pequeña niña en su interior anhelando ser atendida y protegida y esa pequeña niña es la que tendrá la última palabra. Si comprendes a esa pequeña niña, le hablas y le demuestras que tienes el control de cada aspecto de tu vida, entonces, la mujer se sentirá atraída por ti, y te engullirá como una llama.

Es crucial que aceptes el hecho de que el poder de mejorar y atraer a una mujer está dentro de ti. Ignora excusas como "no soy guapo, no soy rico, no soy esto, no soy aquello." Detén la autocompasión y comienza a entender que si puedes hacer sentir bien a una mujer, ganarás a cualquier tipo con un Ferrari si él tiene la personalidad de un trapo húmedo – así es como es.

CHICOS MALOS VS CHICOS BUENOS

Resulta molesto para los chicos buenos ver que los chicos malos siempre consiguen a las chicas. ¿Por qué? Esto es así porque mientras que el 'chico bueno' está tratando de comer y beber con ella, y besar su trasero y manejarla con mucho cuidado por temor a contrariarla, al chico malo no le importa lo que ella piensa de él, o lo que cualquiera piensa.

Los chicos malos proyectan un aura de peligro y poder al que las mujeres se sienten atraídas porque no les importa lo que piensan los demás - o simulan como que no les importa porque tienen el control.

Los chicos malos proyectan la 'fuerza' y el 'hombre fuerte' que las mujeres aman, y es por eso que las mujeres caen de cabeza por ellos. El problema es que la mayoría de estos tipos resultan ser unos abusadores más adelante en la relación, y aun así las más bellas mujeres todavía los aman y no los pueden dejar, incluso cuando el tipo les da una paliza.

Irónicamente, por otro lado, algunas mujeres ven al chico bueno como deshonesto o hipócrita, ya que usualmente ignoran sus necesidades y deseos de complacer a una mujer, haciendo que la mujer piense que el tipo es agradable simplemente porque quiere algo de ella o porque no tiene confianza en sí mismo. Por lo tanto, ya sea un miedoso o un hipócrita, ninguno de los dos atrae a las mujeres.

Para ser ese hombre perfecto, tienes que combinar lo mejor de ambos mundos, es decir, proyectar el poder del "chico malo", sin llegar a ser abusivo o controlador. Lo interesante de esto es que puedes aprender a proyectar la misma aura de poder. Simplemente tienes que creer en ello, y además, tienes que estar dispuesto a trabajar para fortalecer tus niveles de confianza, y entonces, serás el mejor hombre para la mujer.

RASGOS DE LA PERSONALIDAD QUE LAS MUJERES ENCUENTRAN IRRESISTIBLES

La personalidad es el activo más poderoso para hacer que una mujer se sienta bien. Una mujer se sentirá atraída y permanecerá atraída por un hombre que la hace sentir bien cuando está con él o piensa en él. Hay ciertos rasgos de la personalidad que puedes cultivar y que las mujeres encuentran completamente irresistibles.

Por ejemplo, una de las cosas que a las mujeres les gusta, es un hombre con un buen sentido del humor. La verdad es que cuanto más la hagas reír, más van a querer pasar tiempo contigo. Las mujeres también se sienten atraídas por los hombres inteligentes, especialmente aquellos que saben cómo usar esa inteligencia para sorprenderla e involucrarla.

Las mujeres aman escuchar historias acerca de personas o lugares, pues bien, la educación es otra arma poderosa que puedes usar. Si estás bien informado sobre muchos temas, siempre tendrás un tema para hablar, serás capaz de hablar sobre algo interesante que la involucre, en vez de hablar los temas aburridos habituales que la mayoría de los hombres hablan, como su color favorito o dónde trabaja, o su comida preferida.

La dominancia es otra cosa que las mujeres aman; se sienten atraídas por los hombres dominantes, incluso si no se dan cuenta; esta es la forma en que han sido biológicamente estructuradas, las mujeres buscan la protección de un hombre, y mientras más dominante es el hombre, mayor será la probabilidad que tiene de protegerla. Una vez más, hay una línea, no confundas ser dominante con ser controlador o problemático. Necesitas dominar los desafíos en tu vida en lugar de controlarla y quitarle su individualidad y felicidad.

Los hombres que son muy considerados también son muy atractivos para las mujeres. Ya ves, cuando le das un regalo a una mujer, ella no se alegrará por el regalo en sí, sino porque es una prueba de que estabas pensando en ella. El regalo es una señal de que estabas pensando en ella, y esta idea la hace sentir bien, incluso si le dices que no te gusto que coqueteara con otro hombre.

Para que seas capaz de impresionar a una mujer, tienes que aprender a fijarte en los detalles. Las mujeres pasan mucho tiempo asegurándose de que se ve bien, entonces, si ella tiene un hermoso peinado o lleva ese vestido sensual, no fue por accidente. Ella sólo está tratando de impresionarte, y si notas esos detalles y la elogias, ella estará feliz de que notaste sus intentos de verse atractiva para ti, y hará que se sienta bien junto a ti.

A las mujeres también les gustan los hombres agresivos, pero no de la manera que no aceptan un no por respuesta. Eso se llama violación durante la cita, y echará a perder todo.

La clase de hombres agresivos que a las mujeres les gustan son los que saben exactamente lo que quieren en la vida, van tras él con todo lo que tienen, y no se detienen hasta que lo logran.

La confianza combinada con el humor es la actitud correcta. Esto significa que eres tan seguro de ti mismo, que puedes reírte de ti mismo, sin sentirte inseguro o intimidado.

LA MAYOR INSEGURIDAD

La inseguridad es uno de los mayores obstáculos que enfrentan los hombres. Es principalmente lo que te hará ver menos atractivo. Las mujeres pueden oler la inseguridad y necesidad inmediata, y no hay nada que las desanime más que un tipo inseguro. En serio.

Si te sientes incómodo en una situación dada o con lo que eres, te volverás inseguro. Un hombre 'inseguro' puede tratar de aparentar confianza, pero sus palabras lo delatarán. Un ejemplo de inseguridad incluye permitir que otros tomen las decisiones. A las mujeres les gusta cuando los hombres toman la decisión y entonces solo los siguen. Si ella quiere hacer algo más, ella lo dirá, pero no siempre esperes que sea ella quien tome las decisiones. Si dependes de ella para tomar las decisiones sobre lo que vas a hacer o a dónde vas a ir, ella sentirá que eres inseguro.

Discutir por todo es otra manera de mostrar que eres inseguro. Incluso si tienes la razón, darás la apariencia de ser inseguro cuando discutes por cada pequeña cosa sólo para demostrar que tienes razón, y que ella está equivocada.

También ella creerá que eres inseguro si comienzas a apretujarla o eres demasiado sentimental desde el principio. Necesitas contenerte un poco y dejar que se sienta cómoda a tu lado. Si siempre la estás tocando, ella pensará que tienes miedo de que salga huyendo, o que sólo quieres llevarla a la cama, y luego desaparecer.

¿Sabías que las mujeres aman el sexo tanto como los hombres? La sociedad simplemente ha hecho que sea un tema tabú, pero la verdad del asunto es que las mujeres disfrutan del sexo y hablan de ello con sus amigas todo el tiempo, y se sienten magnéticamente atraídas a un hombre que es hábil haciendo el amor.

No es fácil encontrar un hombre que sabe cómo complacer a una mujer en la cama, ya que la mayoría de los hombres son bastante egoístas en ese departamento. Cuando se trata de placer sexual, las mujeres son diferentes de los hombres, su mente necesita estar involucrada tanto como su cuerpo. La mayoría de los chicos sólo se precipitan a través del proceso, sin reconocer que se necesita mucho más que la penetración para complacer a las mujeres en la cama.

La palabra "juego amoroso" necesita quedar incrustada en tu cerebro, porque si entiendes bien los juegos amorosos previos, las mujeres quedarán satisfechas. El resultado final será que tendrás que apartarlas, porque seguirán necesitando más.

El juego previo es más que el sexo; Se trata de toques bien situados, decirle en voz baja lo que te gustaría estar haciendo con ella a pesar de estar en un lugar público, se trata de establecer el estado de ánimo y crear la anticipación. Todos estos pequeños detalles hacen que su imaginación se encienda y quiera más. Mientras más tensión sexual y anticipación crees, más rápido ella se derretirá en tus brazos.

Puedes estarte preguntando, "¿Cómo esto afecta tu capacidad para salir con cualquier chica?" Las mujeres son expertas en la lectura del lenguaje corporal, por lo que se dan cuenta de este tipo de cosas rápidamente. Y un hombre que sabe exactamente cómo complacer a una mujer exhibe una cierta confianza que se siente como, "Voy a sacudir tu mundo," y las mujeres pueden reconocer eso también.

No sólo serás atractivo para las mujeres convirtiéndote en un experto en complacerlas, sino que también puedes mantener esa atracción porque un amante experto es algo insólito y no querrán dejarte ir.

APARIENCIA

Las mujeres se sienten más atraídas por la personalidad que por la apariencia, pero esto no quiere decir que no necesitas ponerte presentable. Si llevas puesto un par de vaqueros que se ve mal, y das la impresión que tienes nueve meses de embarazo; te encontrarás con que las mujeres atractivas no te darán una segunda mirada. Esto es así porque las mujeres toman un montón de decisiones basadas en los pequeños detalles. Por ejemplo, si estás vestido demasiado ocasional, entonces ella pensará que eres demasiado perezoso para cuidar de ti mismo, y si eso es cierto, es probable que tengas un hogar sucio, y esto probablemente represente demasiado trabajo para ella cuando se instale contigo.

Por otro lado, si exageras tu apariencia y te ves demasiado arreglado, ella pensará que vas a pasar más tiempo arreglándote de lo que te harás cargo de ella. Puede ser un poco difícil encontrar el equilibrio, pero siempre y cuando te mantengas bien cuidado, y eso incluye perder la panza de cerveza, las mujeres se sentirán atraídas por ti. Simplemente coge una revista, selecciona algunos nuevos diseños de ropa y así está bien.

Es un hecho que las mujeres se toman el tiempo para verse atractivas para los hombres, y eso toma mucho tiempo y trabajo; por lo tanto, esperan la misma consideración a cambio, lo que es natural. Hacer ejercicios con moderación y mantenerte en forma no sólo te ayudará a tener más éxito con las mujeres, sino que también te hará más saludable, lo que significa que tendrás más años para disfrutar de la vida con buena salud.

Bueno, nadie te obliga a cambiar si no quieres. Pero vale la pena el esfuerzo si quieres ser capaz de salir con cualquier chica, sin importar cuan atractiva sea. Quiero que sepas que no vivimos en un mundo perfecto, así que si quieres que ella te amé por quien eres, entonces vas a tener un gran problema.

Muchos hombres se acercan a mujeres que son muy atractivas, y esto hace que las mujeres usen la apariencia externa de un hombre para decidir si vale o no su tiempo. Ellas juzgarán al tipo de persona que eres basándose en tu apariencia, y apenas querrán pasar la oportunidad de mirar más allá de una apariencia con sobrepeso y despeinada, así como una total falta de cultura. Ellas comienzan con tu presentación antes de que cualquier otra cosa siga.

Otro ángulo de ello es que también es una cuestión de amor propio. No querer mejorar significa no tener respeto propio. Dúchate todos los días, recórtate el pelo, ve al gimnasio, lee algunos libros, navega por internet y aprende un poco acerca de lo que es tendencia, y de repente te encontrarás con que tu confianza se verá reforzada, y comenzarás a exhibir la actitud correcta.

MIEDO AL FRACASO

Muchos hombres entrarán a una situación peligrosa sin pensarlo dos veces, mientras quedan paralizados por la mera idea de hablar con una mujer atractiva por miedo de ser rechazados. Esta incapacidad para tomar medidas es uno de los mayores problemas que tienen los hombres. Simplemente quedamos paralizados por el miedo al rechazo tanto que preferimos no tomar ninguna acción en absoluto.

Piensa en ello. No tenemos miedo de participar en una pelea, incluso cuando sabemos que vamos a experimentar algo de dolor físico y magulladuras, sin embargo, sentimos más miedo de acercarnos a una mujer atractiva, incluso cuando sabemos que lo peor que puede pasar es que nos diga que no, lo que no nos va a quitar nada. Así que no tengas miedo al fracaso.

DÓNDE CONOCER A LAS MUJERES

Saber dónde se encuentran las mujeres no es tan difícil como se podría pensar. Empieza por ir a los mismos lugares que van, y eso no significa limitarse a bajar al bar a tomar un trago.

Primero debes decidir con qué tipo de mujer te gustaría tener una cita. Por ejemplo, es posible que desees una mujer que haga ejercicios, por lo que entonces debes ir a un gimnasio. Ve a los clubes si andas buscando una chica que le gusten las fiestas, y así sucesivamente. Sin embargo, recuerda que hay un montón de chicos que compiten por su atención en lugares como los bares.

Sólo tienes que sentarte, mirar a tu alrededor, y piensa en donde tu tipo de mujer ideal pasaría el rato y entonces empieza a frecuentar esos lugares. Las mujeres también les gusta la idea de "accidentalmente" conocer a un hombre en un lugar normal, pero inesperado. La tienda de comestibles, la librería o los centros comerciales son algunos buenos ejemplos donde puedes conocerlas.

Los lugares donde puedes conocer mujeres son prácticamente incontables. Sólo tienes que utilizar un poco la inteligencia y creatividad para conseguir el tipo de mujer que necesitas.

CÓMO CONOCER A ESAS MUJERES

Las mujeres realmente no responden muy bien a los piropos, y pueden olerlos a una milla de distancia. La cuestión es que, si bien es posible que seas un hombre genuino, ella simplemente pensará que eres un jugador o débil. Los piropos siempre encienden las alarmas para la mayoría de las mujeres porque creen que están jugando con ellas. El hecho de que muchos otros chicos pueden hablarle dicho lo hermosa que es, tampoco ayuda mucho a la situación. Por lo tanto, la clave es destacarse entre la multitud y ser real.

Las mujeres son como depredadores cuando se trata de detectar tus puntos débiles y tus intenciones. Pueden sentir lo que quieres desde la distancia, porque son expertas en leer el lenguaje corporal. Así que JAMÁS vuelvas a presumir que no tienen idea de lo que estás haciendo porque es un juego que no vas a ganar. Te pondrás en evidencia incluso antes de pronunciar la primera sílaba y entonces tu misión está condenada al fracaso.

Por lo tanto, en lugar de ocultar el hecho de que estas tratando de alabarla, siéntete bien por ello y no tendrás que ocultarte más. Recuerda, la confianza y el humor es una combinación poderosa que puedes utilizar en tu beneficio para lograr tu objetivo.

ABAJO LOS PIROPOS, ARRIBA LA CONVERSACIÓN

Uno de los retos con los piropos es que son una clara señal de que estás nervioso. La presentación es mucho más importante que lo que realmente dices. Por ejemplo, aunque recites la guía telefónica, ella todavía te encontrará atractivo si estás relajado y confiado. Por otra parte, no ganarás ningún punto si tartamudeas través de un piropo pre-ensayado, esto mostrará que estás nervioso.

Más aún, en lugar de comenzar con un piropo, tus posibilidades aumentarían diez veces más si la involucras en un tema fascinante y emocionante, pidiendo su opinión. Ella será más propensa a responder, porque a las mujeres no les gusta ser groseras. Además, es una excelente manera de atraerla a una larga conversación que le permite conocerte mejor. Funcionará mejor si pides su opinión sobre un tema controversial que estas debatiendo con un amigo.

Si le preguntas si le puedes comprar una bebida o no, podría decir "No, gracias," y luego irse. Sin embargo, si le dices que has estado discutiendo con un amigo sobre si las mujeres ganan menos de lo que ganan los hombres haciendo el mismo trabajo, y que necesitas su opinión, esto va a avivar su interés, y probablemente se quedará y argumentará su punto.

EL NÚMERO DE TELÉFONO O CORREO ELECTRÓNICO

La mayoría de las mujeres les gusta más dar su correo electrónico que su número de teléfono. Afortunadamente, el correo electrónico es una mejor manera de comenzar la comunicación, ya que están un poco más distantes en comparación con el teléfono. Así que la comunicación es más fácil.

Usar el correo electrónico la hará sentirse más cómoda contigo, ya que ella ganará un poco de conocimiento de cómo razonas. Ella también estará encantada de que te tomas el tiempo para pensar en que debes decirle. Otra ventaja del correo electrónico es que tienes más posibilidades a llegar a ella que llamándola, y ella probablemente será más propensa a responder a un correo electrónico. Otra ventaja del correo electrónico es que, a diferencia del teléfono, ella puede responder en cualquier momento porque no puede responder a las llamadas en el trabajo o en una reunión crucial.

La mejor manera de pedir un número de teléfono o una dirección de correo electrónico es usar un poco de humor y confianza. Por ejemplo, aquí puedes preguntar si ella tiene correo electrónico o no. Cuando ella responde que sí, sólo tienes que sacar un pedazo de papel y lápiz y pasárselos, tomando esencialmente su "sí" como una aceptación a darte, ella a duras penas se resistirá.

Entonces, de esta manera, mientras ella te lo está escribiendo trata de que te anote su número de teléfono, o, sólo espera a conseguir su número más tarde a través del correo electrónico. Ya sabes, ser acosado por correo electrónico es bastante improbable, por lo que las mujeres ven poco riesgo en dar su correo electrónico. Estarás mejor intercambiando algunos correos electrónicos primero, y luego, pregúntale su número.

Recuerda que debes permanecer confiando a la hora de pedir su correo electrónico. Por lo tanto, trabaja en tu confianza, sólo práctica obteniendo los números de teléfono y correos electrónicos de las mujeres en el centro comercial todos los días para que puedas superar tu miedo al rechazo. Cuantos más rechazos recibas, menos te afectarán. Eso es un secreto.

CONCLUSIÓN

Si realmente quieres ser capaz de salir con cualquier chica, sin importar cuan atractiva sea, entonces tienes que cultivar los rasgos de personalidad que ella encuentra atractivos. Es cierto que algunos individuos nacen con estas características; pero también se pueden aprender, y puesto que las mujeres se sienten mucho más atraídas por la personalidad de un hombre y la forma en que él le hace sentir que por su aspecto, nada obstaculiza tu éxito a no ser tú mismo - adquiere esos rasgos de la personalidad.

Tienes que eliminar tus creencias limitantes; tienes que entender que lo constante en la vida es el "cambio". Si haces esto, tu confianza aumentará, y serás mucho más atractivo para las mujeres. Una mujer felizmente saldrá con un tipo de aspecto promedio que tiene una solución financiera mediocre, que salir con uno rico de buen aspecto si el primero la hace sentir maravillosa, mientras que el segundo actúa como un mamarracho.

Por último, quiero que sepas que la única cosa que se interpone entre tú y el éxito con las mujeres eres tú. ¡Sí tú! Aprende a ser más atractivo para las mujeres siguiendo las pautas en este libro, y te darás cuenta de que nada puede interponerse en tu camino; aprende los rasgos de la personalidad, y da la apariencia de ser limpio.